DE L'ÉTAT ACTUEL
DES FINANCES
DE
L'ESPAGNE.

PAR POISSON.

PARIS.

PONTHIEU ET DELAUNAY, LIBRAIRES,
AU PALAIS-ROYAL;
PEYTIEUX, LIBRAIRE, GALERIE DELORME.

FÉVRIER 1825.

IMPRIMERIE DE J. TASTU,
RUE DE VAUGIRARD, N° 36.

AVANT-PROPOS.

Nous n'entreprendrons pas, dans cet écrit, de nous livrer à des réflexions générales sur la politique suivie par Ferdinand depuis sa seconde restauration sur le trône d'Espagne en 1823. Si tout n'est pas encore connu sur ce sujet, au moins chaque jour voit éclore de nouvelles vérités. Ainsi, disons comme les Espagnols : *Paciencia.*

Quoique nous n'ayons pour objet que d'exposer la situation financière de ce pays, nous serons cependant forcés de faire ressortir les considérations politiques qui naîtront des faits.

On a beaucoup écrit depuis deux ans sur les finances de l'Espagne, et l'emprunt royal que l'on négocie à Paris depuis ce temps a donné lieu à cette polémique. Un seul article inséré dans le *Constitutionnel* du 23 décembre dernier a touché le fond de la question; mais malgré le talent du rédacteur, il n'a pu donner qu'un aperçu du travail qui lui avait été communiqué. Nous allons en rétablir le texte, parce qu'il est d'un haut intérêt. Nous ferons connaître les dispositions royales relatives à l'amortissement de la dette publique et au paiement des intérêts.

Si, jusqu'à ces derniers temps, les désordres de la cour et d'une théocratie qui couvraient d'un voile impénétrable les vices et les abus monstrueux dont elles profitaient, n'ont pas permis, même aux Espagnols les plus éclairés, de connaître la véritable situation économique de leur pays, puisque tout moyen de publicité était interdit, comment des étrangers auraient-ils pu être initiés à de semblables mystères?

C'est au Gouvernement des Cortès que nous devons la connaissance des faits importans que nous allons révéler; mais nous nous garderons bien d'invoquer une semblable autorité : ce sont les autorités monarchiques que nous interrogerons, et particulièrement celle de M. Garay qui fut ministre des finances de S. M. C. Les travaux de ce ministre n'ont pas été rendus publics; mais nous les possédons, et nous avons lieu de croire que leur authenticité ne sera pas contestée.

La situation politique et administrative dans laquelle l'Espagne se trouve nous impose l'obligation de commencer par faire connaître les vues hardies et patriotiques de ce ministre de Ferdinand, en faveur de la régénération de son pays : nous ajouterons ensuite le tableau le plus exact de l'état financier de l'Espagne, et nous livrerons l'ensemble de notre travail aux méditations de nos hommes d'État, des banquiers de l'Europe, et surtout à celle des capitalistes français.

DE L'ÉTAT ACTUEL

DES FINANCES

DE

L'ESPAGNE.

« La seule occupation du ministre des
» finances est de mentir et de tromper,
» ce qui rend odieux le nom de V. M. »
GARAY.

M. GARAY fut chargé du porte-feuille des finances à la fin de l'année 1816.

Ce ministre, dont le nom est en vénération auprès des hommes éclairés de ce pays, n'est cependant pas le créateur du système de finances qu'il voulut faire adopter par le roi actuel; mais on lui tient compte, et avec raison, des vues saines qu'il manifesta pendant son ministère.

Le plan de finances que M. Garay présenta au roi, en 1817, n'était que l'exécution du décret des Cortès de 1813, qui supprimait les rentes provinciales et établissait une contribution générale directe sur l'industrie et l'agriculture; la seule différence du plan de ce ministre, consistait dans la réduction de la moitié de la quantité décrétée par les Cortès. C'était le plan du plus habile financier de l'Espagne, même dans l'opinion du parti royaliste. Cependant M. Banqueri observe que la contribution directe, établie d'après le plan de M. Garay, ajoutée à la dîme, chargeait le revenu net de l'agriculture de 44 pour 100 (1).

Si cependant ce plan, qui a contribué à la gloire de M. Garay, lui assure des droits à la reconnaissance de ses concitoyens, cette gloire ne devra-t-elle pas, au moins, être partagée par les inventeurs ?

Nous avouerons franchement que le décret des Cortès et le plan du ministre, auquel il servit de modèle, n'étaient pas exempts de reproches. C'était une grande erreur de supprimer les impôts indirects, il fallait réformer leur administration et ne pas établir une contribution directe qui ne se bornait pas au revenu foncier, mais qui embrassait dans son étendue les bénéfices de l'agriculture et de l'industrie; bénéfices impossibles à fixer dans aucun pays, et encore moins en Espagne où il n'y a aucune statistique.

Il serait inutile de donner un plus grand développement à ces observations, puisque ce n'est pas le plan de M. Garay qui régit maintenant les finances de l'Espagne : c'est le système qui existait avant 1808.

---

(1) Mémoire de Banqueri, pag. 13. Madrid, 1821.

Ainsi la situation financière actuelle doit se ressentir des vices et des désordres de ce système, aggravés par les résultats déplorables de la dernière restauration. Or, voyons comment M. Garay jugeait cette situation et ce système, dans le mémoire qu'il présenta au roi en 1817, en lui proposant son plan de finances. Ce mémoire est divisé en deux parties. Dans la première, il dévoile la situation affreuse des finances et de l'administration, jusqu'en 1817; dans la seconde, il propose comme remède son plan, et il le développe en le comparant à l'ancien système.

Sur cette seconde partie, nous avons déjà fait une observation générale : jetons maintenant un coup-d'œil sur la première, parce qu'elle nous offre le tableau épouvantable de l'administration en 1815, 1816 et 1817; et si l'on ajoutait au récit que va tracer M. Garay la série de malheurs occasionés au peuple espagnol par la sanglante anarchie qui dévore ce malheureux pays depuis 1823, qui oserait s'en constituer l'apologiste ?

Voici l'état des recettes présenté par ce ministre.

Douanes.	R. v^{on}.	107,000,000
Laines.		24,000,000

Nota. La loi de finance de France de 1818 ayant imposé un droit de 5 pour 100 sur les laines, ce revenu en peut être évalué maintenant au-delà de 9 millions.

Transporté. . . .	R. v^{on}.	131,000,000

De l'autre part. . . R. v^on.	131,000,000
Rentes provinciales (1).	141,000,000
Tiers décimal.	12,000,000
Tabac.	85,000,000
Sel.	70,000,000
Plomb.	5,000,000
Poudre.	3,000,000
Cartes à jouer et objets divers connus sous le nom de *petites rentes*..	1,000,000
Timbre.	14,000,000
Escusado.	20,000,000
Neuvième décimal.	25,000,000
Équivalent. Aragon.	10,000,000
Équivalent. Catalogne.	20,000,000
Équivalent. Valence.	13,500,000
Équivalent. Mayorque.	2,500,000
Loterie.	12,707,820
Amendes judiciaires.	233,929
Droits de la chambre de Castille.	954,837
Lanzes et la moitié des revenus d'une année des emplois et des biens qui sont soumis à cet impôt..	5,261,015
Moitié du revenu d'une année de ceux qui entrent en possession de bénéfices ecclésiastiques.	1,500,000
Bulles de Cruzada.	17,842,847
Cautionnemens de notaires.	310,613
Tavernes.	213,038
Gîtes du roi.	700,384
Dîmes et revenus provenant des anciens maîtres des ordres militaires réunis à la couronne.	4,402,504
R. v^on.	597,126,987

(1) Impôt sur la viande, l'huile, le vin, vinaigre, sucre, savon, chandelle et autres objets. Dans les vingt-deux provinces de la Castille, treize mille communes le paient par abonnement.

État des dépenses présenté par le même ministre.

Liste civile.	R. v^on.	56,973,600
Ministère des affaires étrangères.		17,615,692
——— de la justice.		12,046,151
——— de la guerre		372,660,416
——— de la marine.		183,985,637
——— des finances.		186,986,423
	R. v^on.	830,267,919
Les recettes s'élevant à		597,126,987
Le déficit est de . . .	R. v^on.	233,140,932
« Ce n'est pas tout, dit le ministre ; il faut » ajouter à cette somme pour dépenses éven- » tuelles et d'autres qui n'ont pas été por- » tées dans les états.		150,000,000
	R. v^on.	383,140,932
» non compris R. v^on 708,092,234 que la » Trésorerie doit des deux dernières années » 1815 et 1816. Cette dette ne pourra être » payée qu'en dix années, et à raison de » 70,809,723 par an. » Ci		70,809,723
Le déficit annuel est donc de .	R. v^on.	453,950,665

Plus une dette antérieure qui est immense.

« Tel était, dit le ministre à S. M. C., l'état des » finances à la fin de 1816, lorsque V. M. daigna » me confier le porte-feuille des finances.

» L'administration des finances, ajoute le mi- » nistre, a été abandonnée parmi nous à un point » tel que sa situation déplorable nous en montre » les funestes résultats; jamais on n'a fait un

» véritable budget des dépenses, comme on » doit le faire dans un pays bien gouverné; ja- » mais les ministres des finances n'ont eu l'au- » torité suffisante pour résister à l'arbitraire avec » lequel on dispose des sueurs des peuples; ja- » mais les revenus ordinaires de l'État n'ont suffi » à ses dépenses, d'où est résultée pour le gou- » vernement la nécessité de faire des emprunts na- » tionaux et étrangers; de-là des ventes de biens » de particuliers, en forçant les propriétaires à » placer leurs capitaux sur les fonds de consolida- » tion; de ces désordres est résultée l'immense » dette qui accable la monarchie. L'impuissance » où elle se trouve de l'acquitter lui a fait perdre » son crédit : elle est considérée au dedans et au » dehors comme le banqueroutier le plus fraudu- » leux. De-là enfin la misère et le désespoir dans » lesquels se trouvent plongées des milliers de fa- » milles. Il résulte de cet état de choses que l'on ne » trouve pas un seul honnête homme qui veuille » se charger du porte-feuille du ministère des finan- » ces, parce que la seule occupation du ministre » est de mentir et de tromper, ce qui rend odieux » le nom de V. M. »

Ailleurs, en parlant des désordres de l'administration, le ministre s'exprime ainsi :

« J'ai vu dans une des provinces du royaume, » dont la part dans les charges publiques était de » 8 millions de réaux, élever cette somme, par le » seul ordre d'un commissaire-ordonnateur qui

» était intendant par intérim, jusqu'à 13 millions.
» Peu de temps après, l'intendant titulaire la porta
» à 27 millions; un autre intendant survint ensuite
» et imposa cette province à 70 mille fanègues de
» blé, outre ses charges pécuniaires. »

Le ministre dépeint avec la plus grande énergie la violence que les militaires exercent sur les laboureurs, en s'emparant de leurs transports et de leurs maisons, selon leur bon plaisir.

« Je les ai vus, dit-il, voyager et faire des parties
» de plaisir avec un cortége nombreux de toutes
» classes de personnes, même ecclésiastiques, et
» aller d'une ville dans une autre, en occasionant
» des dépenses aux laboureurs, que le gouverne-
» ment de V. M. aurait dû leur éviter.

» Des mutations de régimens sans nécessité aug-
» mentaient considérablement cette charge.

» J'ai vu, dit encore le ministre, un régiment
» faire vingt-huit lieues (trente-sept lieues de
» France), pour assister à une procession, pen-
» dant le temps de la moisson. Les soldats étaient
» sans souliers et les officiers n'étaient pas payés. »

Enfin M. Garay, en proposant son plan comme remède à tant de maux, s'exprime ainsi : « J'avoue
» que les moyens que je propose doivent répugner
» au cœur de V. M., autant qu'à moi, qui n'ai pas
» oublié le décret royal de 1814, lequel promettait
» de n'imposer aucune contribution extraordi-
» naire sans la convocation des Cortès; mais je
» lis dans la lettre du 19 octobre 1816, que V. M.

» et son conseil, après avoir examiné un état de » choses qui a mis la monarchie au bord du pré- » cipice, n'en avaient pas moins décidé qu'il serait » imposé de nouvelles contributions. En effet, l'É- » tat doit périr ou se sauver dans nos mains, et » les maux sont trop près pour perdre le temps en » discussions inutiles. »

Voilà ce que disait le ministre à S. M. C. en 1817. On sait ce qui arriva le 7 mars 1820. Ainsi le gouvernement put dire alors : « Nous périssions, si » nous n'eussions péri. »

Dans la partie du mémoire consacrée spécialement au crédit national, M. Garay répète ce qu'il avait dit en parlant du ministère des finances, et il ajoute :

« Des millions d'or que l'on devait appliquer à » éteindre la dette de l'État ou à la consolider, » ont été soustraits à cette destination. On a dé- » pouillé les hôpitaux, les hospices, les maisons de » refuges et de miséricordes (1), sous le prétexte » de consolider le crédit national ! Sire, j'afflige- » rais trop le cœur de V. M. si je continuais à faire » l'énumération des maux qui accablent le royaume » par le mépris que l'on a fait d'engagemens aussi » sacrés. »

N'est-il pas remarquable que ce soit un ministre de Ferdinand qui adresse à son maître, dans la plé-

(1) Ces biens furent vendus par décret de Charles IV, sous le gouvernement du prince de la Paix.

nitude de son pouvoir légitime, un discours qui n'a jamais été surpassé en énergie par les plus véhémens orateurs des Cortès dont les discours, en général, n'ont été qu'une reproduction du langage tenu auparavant par M. Garay?

Nous allons maintenant présenter quelques considérations sur le budget des recettes dressé par M. Garay. Il avoue lui-même que ce travail avait été fait par son prédécesseur Lopez de Aranjo. Ce financier avait estimé le produit des rentes provinciales à 141 millions. M. Garay dans son mémoire n'évalue pas ce revenu au-delà de 100 millions. Des évaluations de rentes provinciales ont été hasardées; on a même annoncé que ce produit allait à 200 millions; mais nous avons sous les yeux des mémoires de financiers espagnols qui ont occupé les premières places dans l'administration, et aucun d'eux n'a exagéré ce revenu à ce point. Entre eux nous choisirons de préférence don Vicente Alcala Galiano, trésorier-général, et le plus grand défenseur de cette branche de revenu. Il se reporte à l'époque de 1808, où les rentes provinciales parvinrent à l'apogée de leur prospérité; voici ce qu'il dit: « En 1715, les rentes provin-» ciales ne produisaient que 60 millions de réaux, » maintenant leur valeur est de 170 millions (1). » Mais il faut remarquer qu'à cette époque l'Espagne recevait ses trésors entiers de l'Amérique, ce qui

(1) Mémoire publié à Valence en 1810, pag. 8.

augmentait les consommations qui font la matière de ces rentes. Cela est si vrai, que dans la province de Séville, dont les ports recevaient les plus riches cargaisons des colonies, le produit de cet impôt était le plus considérable, par rapport aux autres provinces, ainsi que l'observe M. Galiano (1).

Si, quand l'Espagne jouissait de la plus grande richesse et que les rentes provinciales étaient le plus productives, leur produit ne s'élevait qu'à 170 millions, et en 1817, quand l'autorité absolue du roi s'exerçait paisiblement, il n'était que de 100 millions, d'après M. Garay, quel sera donc ce produit maintenant que l'Espagne ne présente que des lambeaux sanglans, quand ses capitalistes fuient ce sol dévorateur, et quand elle ne possède plus que la Havane, Porto-Rico et les Philippines, dont les revenus sont inférieurs aux charges de leur administration ?

On a vu dans ce budget que le produit de la dîme revenant au gouvernement par les concessions pontificales, n'était que de 61,000,42 réaux en 1816, résultat des quatre articles, soit décimal, Escusado, Noveno et Maestrazgo. Quel sera à présent la part du gouvernement espagnol au milieu des désordres actuels, et lorsque le prestige qui faisait payer la dîme est si affaibli ?

M. Lopez de Aranjo n'évaluait qu'à cette somme de 61 millions les charges que supportaient les im-

(1) Mémoire publié à Valence en 1810, pag. 34.

menses richesses du clergé, et ce fut ce motif qui engagea M. Garay à le faire contribuer pour ses biens-immeubles. Cette tentative le fit chasser du ministère et sortir de Madrid, en vertu d'un ordre qu'il reçut dans la nuit.

Nous ne nous livrerons pas à un examen détaillé des différentes branches du revenu public actuel; l'anarchie qui dévore ce pays et les désordres de l'administration ne permettent pas d'en donner une appréciation rigoureusement exacte; mais les renseignemens que nous avons sur l'état des recettes en 1824, nous donnent l'assurance qu'elles ne se sont pas élevées au-delà de . . R. v^on^. 240,000,000

Ainsi, M. Garay ayant évalué les dépenses à R. v^on^. 830,267,919, le déficit de cette année, seulement pour les dépenses courantes, non compris les dettes nationale et étrangère, aurait été de 590,267,919

R. v^on^. 830,267,919

Ce serait en vain que l'on chercherait dans la conduite du gouvernement espagnol, des actes qui pourraient lui mériter la reconnaissance des peuples soumis à son autorité, et le rendre recommandable aux étrangers; on n'en aperçoit aucun. En 1815, le gouvernement français paya à celui d'Espagne, en vertu de la convention du mois de novembre, 18 millions de francs pour être distribués à des citoyens espagnols, créanciers de la France; mais, au lieu de faire cette répartition, le roi appliqua les onze douzièmes de cette somme aux dépenses de l'expédition qu'il méditait contre l'Amérique.

Pendant que le roi d'Espagne disposait ainsi de la fortune de ses malheureux sujets, on les voyait au désespoir dans Paris, invoquant la charité publique.

Le gouvernement anglais a remis une forte somme à S. M. C., pour indemniser les négocians espagnols qui faisaient la traite des nègres.

Lord Wellington a obtenu du gouvernement français (art. secret du traité de novembre 1815), une indemnité pour le rétablissement de Saint-Sébastien, détruit par les Anglais. Le roi d'Espagne a aussi touché cette somme; mais ni les négocians, ni les habitans de Saint-Sébastien n'en ont rien reçu. Tout a été englouti dans Cadix et dans l'île de Léon.

Nous terminerons cette partie de notre travail en disant que la masse de la dette espagnole s'élève au-delà de 14 milliards de réaux.

Nous aurons occasion de placer ailleurs les réflexions que font naître une situation aussi déplorable.

Nous allons à présent faire connaître les dispositions royales, relatives à l'amortissement de la dette et aux paiemens des intérêts de la dette nationale et étrangère.

De l'Amortissement.

Dans la première partie de ce travail, nous avons exposé des faits ; nous allons remonter aux causes qui les ont produits.

Nous entreprendrons de démontrer que l'état de détresse où l'Espagne se trouve, provient des envahissemens du clergé, et de la théocratie qui pèse depuis plusieurs siècles sur les rois comme sur les peuples. On peut même dire que les doctrines et les principes du clergé espagnol ont toujours été appuyés par l'autorité pontificale. Non content de profiter de ses fraudes pieuses, ce clergé a souvent associé des laïcs à son manque de foi.

Sous Alphonse XI, un grand nombre de prêtres et de laïcs obtinrent des bulles du pape et des lettres d'excommunication des prélats, contre les officiers de justice, qui les contraignaient à payer aux juifs les sommes considérables qu'ils leur devaient. Les juifs furent ainsi privés de leurs richesses, et la prospérité de l'Espagne en reçut une funeste atteinte. Les cortès de Valladolid, en 1325, obtinrent du roi que les porteurs de ces bulles et de ces lettres fussent emprisonnés ; mais cette mesure fut exécutée comme l'ont toujours été celles qui n'étaient pas dans l'intérêt du clergé.

Plus tard, Ferdinand VI consulta le père Ravago jésuite, son confesseur, et une junte de théologiens, pour savoir s'il était tenu de payer les dettes de son père Philippe V ; et sur la réponse négative de ce conseil, il crut sa conscience en repos. Ainsi furent immolés des créanciers qui avaient prêté leur argent, pour placer son père sur le trône d'Espagne. Cependant, à son décès il laissa plus de 10 millions de piastres dans les coffres de l'État.

Avant Charles III, dont les Espagnols conservent d'honorables souvenirs, les donations à l'Église étaient permises, sans aucune restriction ; mais il défendit par une ordonnance les donations faites à la corporation ou à l'église à laquelle appartenait le prêtre qui avait administré les sacremens, pendant la dernière maladie du donateur.

Charles IV maintint cette ordonnance en imposant un droit de 15 pour 100 en faveur de l'État sur les donations qui seraient faites à l'église ou à la corporation.

On concevra facilement qu'une aussi faible digue ne pouvait guère arrêter cette puissance dans ses envahissemens.

Récemment, nous avons vu le clergé faire rendre aux moines les biens qui avaient été vendus sous le gouvernement des Cortès, et qu'avaient acquis des sujets espagnols, créanciers de l'État. Le gouvernement actuel, en ordonnant cette disposition, a suivi en cela l'exemple qui lui avait été donné par les Cortès de 1812 et 1813, qui annullèrent les ventes des biens des couvens faites sous le gouvernement de Joseph Bonaparte, mais avec la notable différence que les Cortès de 1821 décrétèrent la restitution, tandis que le gouvernement actuel a ordonné purement la reprise des biens vendus, sans aucune restitution des valeurs fournies par les acquéreurs; de cette manière il a amorti d'autant sa dette en spoliant des acquéreurs de bonne foi.

Il est à remarquer que les acheteurs avaient été excités à acquérir ces biens, non-seulement par des personnages de la cour qui en avaient donné l'exemple, mais aussi par les intentions qu'un prince de la famille royale avait manifestées à cet égard. Dans la session des Cortès de 1821, le ministre des finances annonça aux Cortès qu'il était dû à l'infant Don Carlos 80 mille piastres, montant de la dot promise par le roi à l'infante Dona Maria Francisca, et que ce prince était convenu d'en recevoir le montant en divers délais ou en titres qui pussent lui servir à acquérir des biens nationaux. Personne ne peut douter que cet acte ne fût très-libre de la part du prince. Pouvait-il être ignoré du roi?

On a bien opposé aux créanciers dépossédés que le roi avait exécuté sans liberté le décret des Cortès; mais comment se fait-il que le traité fait avec l'Angleterre par le gouvernement constitutionnel, pour la liquidation et le paiement de réclamations très-onéreuses pour la nation, n'ait pas été entaché du même vice? Il paraît que les baïonnettes françaises, avec lesquelles le clergé espagnol a opéré la spoliation des malheureux acquéreurs de domaines nationaux, ont été impuissantes pour priver les créanciers anglais des droits acquis par ce traité. Ainsi, pendant qu'un grand nombre de familles espagnoles qui avaient employé leurs capitaux en achat de biens nationaux, se trouvent ruinées, un autre acte du gouvernement constitutionnel s'exécute dans ce moment en faveur des créanciers anglais !

Si l'influence du clergé a été si funeste au crédit national dans les temps passés, est-il raisonnable de supposer qu'avec les mêmes principes et les mêmes maximes cette influence lui soit favorable maintenant ?

Avant la dernière invasion de l'armée française, les lumières répandues dans la classe moyenne par Charles III avaient ôté au clergé *toute influence active;* mais après qu'une force étrangère lui a rendu l'ascendant qu'il avait sous la dynastie autrichienne, au lieu de prospérité, l'Espagne ne peut offrir que le tableau affligeant de la misère et de la désolation que lui légua Charles II, dernier roi autrichien.

On peut maintenant apprécier le bruit répandu sur la vente de la septième partie des biens ecclésiastiques, accordée à Charles IV par le bref du 6 décembre 1806. Voilà près de vingt ans que cette faculté fut accordée, et le gouvernement n'a pas osé l'exécuter, malgré la situation désespérée des finances depuis 1814 jusqu'en 1820, et depuis 1823, que l'ancien système a été rétabli.

M. Garay, ce ministre hardi, n'osa pas même la proposer; et peut-on faire croire à la possibilité de l'exécution d'une semblable mesure, quand le gouvernement cherche sa force morale dans le clergé? Or il est impossible de rétablir le crédit de l'Espagne, sans user de la ressource que présentent les biens du clergé.

D'après la situation publiée par la direction du crédit public, en novembre 1822, la dette nationale liquidée et à liquider était réduite à 6 milliards de réaux, par les extinctions déjà opérées; et à cette époque, on n'avait pas touché aux biens du clergé séculier : ils avaient été appliqués aux percepteurs laïcs, pour les indemniser des pertes qu'ils avaient éprouvées par la réduction de la moitié de la dîme. On devait espérer que, même en conservant au clergé séculier tous ces biens, les autres ressources pourraient suffire pour amortir la dette antérieure de l'État. Toutes ces mesures, tous ces travaux de liquidation ayant été détruits, la dette nationale a repris son ancien taux de 14 milliards de réaux.

Nous allons examiner à présent quelles sont les ressources du gouvernement royal, pour en opérer l'extinction.

Il nous présente une caisse d'amortissement dotée de 100 millions de réaux; mais nous ferons remarquer que la majeure partie des objets affectés à cet établissement, n'ont d'autre valeur que celle exprimée dans le décret royal. En admettant même leur réalité, il faudrait en déduire 8 millions de réaux que le décret du 8 mars 1824 destine chaque année à l'amortissement de la dette qui ne porte pas d'intérêts. Il ne resterait donc que 92 millions de réaux pour payer les intérêts de la dette portant intérêts. Or les intérêts de cette dette, sans compter ceux des emprunts étrangers, s'élèvent à 164 millions de réaux. Il y aurait donc un déficit de 72 millions de réaux, pour acquitter les intérêts de la dette nationale. Et si on ajoute les intérêts de la dette contractée en Hollande par Charles IV, et ceux de l'emprunt royal, on aura un accroissement de 33 millions de réaux, et enfin le déficit total serait de 105 millions de réaux.

Il est à remarquer que le gouvernement espagnol voulant établir son crédit à l'étranger, n'a pas dit un mot sur les emprunts faits par Charles IV en Hollande. Ce silence confirme ce qu'a rapporté l'agent d'une compagnie hollandaise qui avait été chargé de faire des propositions pour un emprunt, sous la condition de la reconnaissance de cette dette, que M. Ballesteros, ministre des finances, s'y était absolument refusé.

Nous nous abstiendrons de réflexions sur les emprunts des Cortès. Que pourrions-nous ajouter à tout ce qui a été dit !

Mais, si à la dette qui ne porte pas d'intérêts, et qui a repris sa valeur antérieure de 7,406,392,028, on ajoute l'arriéré du trésor, qui était à la fin de 1819 de 900 millions de réaux, et si on y ajoute encore un déficit annuel de près de 600 millions, on aura, pour amortir 9 milliards de réaux, un fonds annuel de 8 millions de réaux. Et comment croire que cette modique somme pourra être appliquée à cet usage en présence de soldats nus et affamés?

Quoi qu'il en soit de ces observations, nous allons examiner chaque article des ressources que l'on affecte pour cent millions de réaux, et qui forment la dotation de la caisse d'amortissement, pour servir de garantie aux intérêts de la dette antérieure, et aux nouveaux emprunts que le gouvernement cherche à contracter. Nous examinerons ensuite l'organisation de cet établissement.

Le décret du 4 février 1824 a établi cette caisse d'amortissement, dont la dotation consiste en trente-cinq articles; la valeur n'en est pas exprimée, et et on a eu raison, si on a voulu tromper le public, parce qu'elle est presqu'illusoire. C'est ce que nous allons prouver avec les documens officiels que nous avons sous les yeux.

1° et 2° articles. La moitié du revenu d'une année sur les successions collatérales des majorats, et moitié du même revenu dans les successions des descendans des donataires de la couronne. . . . . R. v^on^. 1,000,000

3°. 25 pour 100 sur les acquisitions faites par des mains-mortes. . . . 250,000

4°. 2 pour 100 sur les revenus qui seront convertis en majorats ou légués

Transporté. . . . R. v^on^. 1,250,000

De l'autre part. . . R. v^{on}.	1,250,000
aux églises (1).	60,000
5°. Droits à payer par ceux qui ont défriché des terres incultes. — Ce produit est incertain et inconnu, parce qu'il faut, avant de l'établir, faire des recherches dans toutes les communes. Ce projet a été mille fois entrepris et toujours abandonné, à cause de l'alarme jetée parmi ceux qui avaient employé leurs capitaux et leurs travaux pour améliorer ces terrains.	000
6°. Le produit de toutes les mines de plomb. —Il a été estimé par M. Garay.	5,000,000
7°. Le produit du mercure des mines d'Almaden. — Il a été estimé par le même à	7,443,640
8°. Produit des mines de cuivre de Rio-Tinto en Andalousie : elles sont très-riches, mais mal administrées. .	338,759
9°. Produit de la dîme des terres nouvellement défrichées et des nouvelles irrigations par des concessions pontificales. — Il est incertain et nul	
Transporté. . . . R. v^{on}.	14,092,399

(1) Le produit des articles 3 et 4 peut être considéré comme nul, puisqu'on ne forme plus de majorats, et que les donations à l'Église et aux couvens sont très-rares.

Ci-contre. . . R. v^on^. 14,092,399

actuellement que l'agriculture est au moins stationnaire. 000

10°. La moitié du produit d'une année des emplois ou des grâces concédées par le roi. 1,597,000

11°. Une année des pensions attachées à l'ordre de Charles III et d'Isabelle. — Nul, ces pensions n'étant pas payées. 000

12° et 13°. 1500 réaux par chaque croix de Charles III ou d'Isabelle que le roi concède, et 2000 pour la permission de porter des décorations étrangères. 100,000

14°. Le produit des commanderies vacantes ou qui viendraient à vaquer dans les ordres militaires et dans celui de Saint-Jean de Jérusalem. 10,000,000

15°. Le produit de chaque commanderie que le roi confère dans l'année. 300,000

16°. Les revenus de deux années des prébendes et bénéfices qui viendraient à vaquer et qui ne seraient pas conférés. 12,000,000

17°. Produit d'une année, après que le bénéficiaire ou prébendé a pris possession du bénéfice. 1,500,000

Transporté. . . . R. v^on^. 39,589,399

De l'autre part. . . . R. v^{on}.	39,589,399
18°. Les revenus de tous les bénéfices qui n'attachent pas le bénéficiaire au service de quelque église. . . .	1,000,000
19°. Le revenu des économâts. . . .	1,000,000
20°. Les revenus des grands-maîtres des ordres militaires réunis à la couronne.	4,000,000
21°. Produit des biens confisqués et de ceux qui pourraient l'être. — Ce revenu est incertain, mais on sait que les biens séquestrés aux partisans de Joseph Bonaparte, réfugiés en France, ne produisirent rien au trésor; leur produit fut dilapidé par les administrateurs. .	000
22°. Le revenu des biens qui doivent faire retour au domaine de l'État. — Il est inconnu tout-à-fait à l'administration, et il ne peut occasioner que de grandes injustices et une foule de procès. . .	000
23. Le produit des biens vacans ou de ceux qui meurent sans héritiers ou possèdent sans titres. — Un état que nous avons sous les yeux, prouve qu'en 1807, le produit de cette ressource fut de R. v^{on}. 303,101; mais la dépense de leur administration fut de 431,752 R. v^{on}. Il y eut donc perte pour l'État . . .	000
Transporté. . . . R. v^{on}.	45,589,399

Ci-contre. . . . R. v^on.	45,589,399
24°. Le cinquième du produit de la bulle de la Cruzada.	3,333,000
25°. Produit de la bulle pour manger gras les jours défendus dans les provinces de l'Amérique. — Nous le porterons en compte après qu'elles seront reconquises !	
26° et 27°. Grâces à obtenir ou dispenses des obligations imposées par certaines lois, comme celles qui déterminent l'âge et les années d'études pour être juge ou avocat ; dispenses d'âges aux mineurs pour administrer leurs biens, etc.	100,000
28°. 10 pour 100 sur les revenus de toutes les communes d'Espagne. — Le gouvernement n'en connaît pas la valeur. Sous le règne de Charles IV cet impôt produisit 6 millions de réaux ; ce qui est bien loin de l'idée que l'on pourrait s'en former. Nous n'entreprendrons pas de faire connaître tous les vols et dilapidations qui se commettent dans cette branche de revenu. Il suffit de dire qu'elle ne produira rien pour l'amortissement, puisque toutes les communes sont chargées de dettes	
Transporté. . . . R. v^on.	49,022,399

De l'autre part. . . . R. v^on^.	49,022,399
anciennes et récentes qu'elles ont contractées pour l'habillement des miliciens sous les Cortès, et pour celui des volontaires royaux sous le gouvernement actuel qui les en a chargés. . .	000
29°. La moitié du revenu superflu des communes. — Nul par la raison que nous venons de donner. . . .	000
30°. Les revenus des provinces de l'Amérique, appliqués par Charles IV à l'ancienne caisse de consolidation. — Quelle déception!	000
31°. Les créances appartenant à l'établissement du crédit public ou à l'ancienne caisse de consolidation. — Nul, puisque cette caisse est en faillite.	000
32°. 160 réaux par chaque tête de mouton qui entre en Espagne. — Par d'autres décrets royaux qui ont assigné des ressources pour le paiement de la dette publique, cet impôt avait été mis sur chaque mule qu'on introduisait en Espagne, et non sur chaque tête de mouton. Cet impôt sur les mules aurait été productif, parce que l'on introduit une grande quantité de mules de France en Espagne, mais sur les moutons il	
Transporté. . . . . R. v^on^.	49,022,399

Ci-contre. . . . . R. v^on.	49,022,399
est tout-à-fait ridicule, puisqu'ils sont meilleur marché dans ce pays qu'ailleurs. A ce sujet on fera observer que l'on a voulu contenter la France, en supprimant l'impôt sur l'entrée des mules; et pour remplir la lacune qui résultait de cette suppression, le commis chargé de ce travail aura mis la première chose qui lui sera passée par la tête. Ce trait caractérise l'administration espagnole.	000
33°. Produit d'un vale royal de 600 piastres sur chaque succession directe de grand d'Espagne, et d'un vale royal de 300 piastres sur celle de marquis ou de comte, et un *idem* de 150 piastres sur celle de baron ou vicomte. — Ce produit est absolument nul, si l'on considère l'arriéré considérable qui existe sur cet impôt. En 1819 cet arriéré était de, savoir :	
Sur l'impôt des *Lanzas*. . . . . R. v^on. 58,460,734	
Sur celui de la moitié d'une année de chaque succession de la noblesse titrée 5,694,818	
Transporte. . . . . R. v^on.	49,022,399

De l'autre part. . . . R. v^on. 49,022,399

N'est-ce pas le comble de la déraison d'établir un nouvel impôt, quand il existe un arriéré aussi considérable sur les anciens? 000

34°. 10 pour 100 payables en vales royaux sur chaque succession de majorats. — Produit incertain et presque nul. 000

35°. Cet article renferme une foule d'objets qui ne peuvent que servir à fasciner les yeux du public. On y fait un double emploi de quelques articles déjà mentionnés, tels que les biens vaquans et ceux qui seront confisqués. Nous allons analyser les autres. . . 000

1°. Le produit des ventes de terres en friche qui appartiennent au roi. — La quantité en est considérable; mais pour leur donner de la valeur, il faudrait que le capital national augmentât. Or, tout le monde sait que les capitaux quittent cette terre de désolation. On ne peut pas vendre un pouce de ces terres. Ce produit est donc nul. 000

2°. Le produit de la vente des biens de la dernière duchesse d'Albe, morte depuis dix-huit ans, et qui ont fait retour à l'État. — Ces biens n'ont pas été

Transporté. . . . R. v^on. 49,022,399

Ci-contre. . . .	R. v^{on}.	49,022,399
vendus, malgré les besoins pressans du Trésor. Il faut donc qu'il y ait des procès qui l'aient empêché, ou que ces biens ne trouvent pas d'acheteurs. Nous en dirons autant de ceux du prince de la Paix, qui sont confisqués depuis seize ans.		000
3°. Le produit des biens ecclésiastiques, ou appartenant à des établissemens de piété ou de dévotion qui ont été sécularisés par des bulles. — On ne connaît qu'une partie de la valeur de ces biens ; l'autre n'a pas encore été estimée. La partie estimée est celle qui appartenait aux ex-jésuites, et qui n'avait pas été vendue : elle montait à 30 millions de réaux; mais comme les jésuites ont été rétablis, ces biens leur ont été rendus.		000
Résultat. . . .	R. v^{on}.	49,022,399

Ainsi la dotation de la caisse d'amortissement, qui a été fixée à 100 millions de réaux, se trouve ne l'être que de . . . . . R. v^{on}. 49,022,399

Et sur cette somme nous aurons à déduire le produit du revenu de deux années de prébendes et béné-

Reporté. . . .	R. v^{on}.	49,022,399

De l'autre part. . . . R. v^on^.	49,022,399
fices vacans que le roi vient de conférer pour complaire au clergé. Ce produit est évalué à	12,000,000
La dotation de cette caisse se trouve donc réduite à . . . . . . R. v^on^.	37,022,399

et si le roi continue à conférer les commanderies, comme il a commencé à le faire, en en conférant deux des plus riches au prince de Saxe, que restera-t-il donc pour l'amortissement?

Voilà enfin les ressources de ce gouvernement pour payer 197 millions d'intérêt de la dette portant intérêt, en y comprenant 15 millions de réaux pour l'intérêt de la dette de la Hollande, et pour amortir un capital de 14 milliards de réaux. Pour compléter ce tableau, nous devons rappeler qu'il existe un déficit entre les recettes et les dépenses annuelles de près de 600 millions. Quelle situation!

Nous répétons que nous ne faisons nullement mention des emprunts des Cortès.

Si la dotation de la caisse d'amortissement doit être considérée comme une pure déception, son organisation est un imbroglio très-semblable à celui de l'ancienne caisse de consolidation. Cette dernière, organisée sous Charles IV, réunissait à l'amortissement et au paiement des intérêts de la dette, l'administration des biens des établissemens de piété, convertis en nationaux par des concessions pontificales. La vente de ces biens produisit

1,671,035,232 réaux ; mais cette caisse, au lieu de remplir l'objet de sa destination, fut la mine exploitée par le prince de la Paix et par la cour. Ce fut à tel point, que, lorsque Bonaparte demanda des subsides à l'Espagne, le gouvernement se trouva dans la nécessité de faire le fameux traité avec Ouvrard, traité qui précipita la caisse de consolidation dans une affreuse banqueroute.

La nouvelle caisse d'amortissement, avec le capital presque illusoire qui lui est affecté, veut singer l'ancienne caisse de consolidation; elle doit payer les intérêts et amortir la dette ; mais comment fera-t-elle cette fameuse circulation de lettres-de-change, puisqu'elle n'a pas les trésors de l'Amérique, et que la vente des biens dont le gouvernement pourrait disposer est impossible dans la situation actuelle de l'Espagne? Le nouveau directeur a bien imaginé de fonder cette circulation sur le produit du plomb et du mercure, et il y est autorisé par l'article 35 du décret royal du 23 mars 1824 ; mais où sont les moyens de crédit pour l'effectuer? Il est aussi autorisé par l'article 57 du même décret, à faire un *petit négoce* en appliquant les fonds de la caisse à acheter des créances non-liquidées sur la place, et à les faire liquider par la commission de liquidation. Peut-on concevoir une plus honteuse application du fond d'amortissement?

Nous continuons. « Le directeur de cette caisse qui succède à celle de consolidation (en faillite), pourra avoir des rapports avec la direction de la Banque de Saint-Charles (aussi en faillite) pour faire des opérations en mettant en mouvement des fonds qui puissent donner des profits à l'établissement.» (Art. 54 du même décret.) C'est par ce petit manége que l'on est parvenu à produire une hausse factice sur les vales, dans l'intention d'attirer des dupes; mais ni les Espagnols, ni les étrangers ne s'y sont pas laissé prendre.

En organisant des déceptions aussi manifestes, le gouvernement savait bien que les Espagnols ne donneraient pas dans un piége aussi grossier; mais son but était de faciner les yeux des étrangers, et surtout des Français, pour leur faire acheter son emprunt et en contracter de nouveaux. Aussi voyons-nous, à Paris, un commissionnaire espagnol et un agent financier de la prétendue caisse d'amortissement, chargés d'opérer ces négociations, et répétant les leçons qu'ils reçoivent de Madrid, en faisant usage des moyens les plus honteux pour tromper les capitalistes français. Et notre ministère tolère de semblables spoliations !

Il était d'autant plus nécessaire d'éclairer la classe des prêteurs de l'emprunt royal, qu'elle forme une exception dans l'ordre des affaires de ce genre, puisque ce sont, en général, de petits capitalistes que l'on a séduits par la promesse d'avantages fallacieux. On sait que les banquiers et les capitalistes notables n'ont jamais voulu en entendre parler.

M. de Villèle n'ignorait pas ces vérités : nous

pouvons même dire qu'il les connaissait. Pourquoi donc n'a-t-il pas éclairé l'opinion de ce public trop confiant et surtout trop crédule (1)?

Depuis long-temps on agite la question de la reconnaissance des emprunts des Cortès; on sait même que M. de Villèle a mis en usage toutes les

---

(1) MM. Laffitte, Ardouin et Hubbart (Français) ont l'attention, aux époques des semestres des emprunts des Cortès, de donner aux prêteurs, au lieu d'argent, au moins une fiche de consolation, en leur annonçant qu'ils saisiront toutes les occasions favorables pour intervenir en leur faveur auprès du gouvernement espagnol.

MM. Hoppe et Cie (Hollandais) qui avaient négocié l'emprunt fait en Hollande par Charles IV, intervinrent avec succès auprès du gouvernement des Cortès pour en obtenir la reconnaissance. Cet emprunt qui perdait 90 pour 100 avant la révolution de 1820, s'éleva en peu de temps au point qu'il ne perdait plus que 30 pour 100.

Lorsque l'emprunt royal sera vendu en totalité, et que les négociateurs auront disparu, où les malheureux prêteurs iront-ils alors chercher un point d'appui pour intercéder en leur faveur, tant pour le paiement des intérêts que pour le remboursement du capital? C'est une chose bien insignifiante assurément; mais tant de gens se complaisent dans les illusions!

MM. Baguenault, Outrequin et Jauge n'ayant joué qu'un rôle passif dans cette opération, où ils sont entrés, à coup sûr, sans en prévoir les funestes résultats (c'est une justice que nous regardons comme un devoir de leur rendre), auront sans doute à déplorer la ruine de quelques prêteurs que l'influence de leurs noms aura séduits; mais n'étant pas les agens directs du gouvernement espagnol aux prêteurs, ils seront par conséquent sans mission, même pour adresser leurs doléances.

intrigues de la *diplomatie subalterne* pour les faire reconnaître ; mais en supposant cette reconnaissance, nous prions M. de Villèle, et ceux qui y attachent une si grande importance, de nous dire quel en serait le résultat favorable pour les porteurs? Toutes les créances sur le gouvernement espagnol ne valant rien, cette reconnaissance serait donc illusoire !

Nous allons dire franchement notre opinion à cet égard.

Le gouvernement espagnol a reçu différentes propositions pour contracter de nouveaux emprunts avec la condition de la reconnaissance de ceux des Cortès, et il s'y est toujours refusé. Quelle faute dans l'intérêt de son affreuse politique ! Mais les banquiers qui proposaient cette opération, profitant habilement de l'opinion généralement répandue que cette reconnaissance aurait valu quelque chose, auraient pu faire une opération de 3 à 400 millions de francs, qui leur aurait donné des bénéfices considérables et certains. Quant aux nouveaux prêteurs, leur ruine était certaine. Voilà la perspective que leur ménageait M. de Villèle !

Le directeur de la caisse d'amortissement est encore autorisé à envoyer des agens à l'étranger pour la réalisation des emprunts qui pourraient être faits.

On voit donc que la même institution, destinée à amortir la dette nationale, est aussi destinée à en créer de nouvelles. (Articles 44 et 60 du même décret.)

Pour bien apprécier l'ignorance qui a présidé à l'organisation de cet établissement, il faut lire avec attention les articles 10 et 11 du décret. Dans ces deux articles, on détermine les réductions à faire pour obtenir celle de tous les taux des différens intérêts de la dette à celui de 5 pour 100. Pour arriver à ce résultat, on a ordonné que le capital portant moins de 5 pour 100 se réduirait en proportion de l'augmentation de l'intérêt, et on a ajouté que pour la partie diminuée on donnerait un autre titre qui ne porterait pas d'intérêt.

Si, au contraire, il s'agit d'un capital portant un intérêt au-delà de 5 pour 100; le créancier sera obligé de compléter son capital en papier de la dette publique. Il résulte donc de la comparaison des deux articles, que le porteur de créances portant 4 pour 100, continuera à jouir, de ces mêmes intérêts, sans rien perdre de son capital; tandis que le créancier qui jouit d'un intérêt supérieur à 5 pour 100, pour continuer d'en jouir, sera obligé de payer l'augmentation du capital. On ne sait comment qualifier de semblables dispositions.

Il n'a été désigné aucune autorité à laquelle ce directeur doive rendre compte des fonds qui entrent dans sa caisse, ni du résultat des opérations commerciales qu'il est autorisé à faire. Il n'y a qu'un simulacre de surveillance dans l'obligation qui lui est imposée de se concerter avec le ministre des finances pour les opérations qu'il pourra faire dans la semaine. Peut-on concevoir rien de plus vague et de moins satisfaisant pour la garantie des créanciers ?

Enfin, pour complément des moyens perfides mis en œuvre dans l'intention d'aveugler le public, on a créé un *grand-livre* confié à la garde d'une commission de magistrats, sous les yeux desquels doivent se faire les inscriptions; mais par une autre disposition aussi absurde que dérisoire, la vérification annuelle de ce grand-livre se trouve confiée à cette même commission. Le ministre Garay avait bien raison lorsqu'il disait à S. M. C. : « La seule occupation du ministre des finances est » de mentir et de tromper, ce qui rend odieux le » nom de V. M. »

Nous voilà donc arrivés au bout de la tâche que nous avons considéré comme un devoir de remplir dans l'intérêt public. Parvenus à débrouiller ce ténébreux chaos, nous craindrions d'affaiblir, par des réflexions superflues, le tableau que nous venons de tracer de la situation de l'Espagne. Il ne nous reste qu'à déplorer l'inepte système qui a plongé ce royaume dans l'abîme où il se trouve. Nous livrons les fauteurs de tant de maux à l'indignation publique.

Paris, février 1825.

www.ingramcontent.com/pod-product-compliance
Ingram Content Group UK Ltd.
Pitfield, Milton Keynes, MK11 3LW, UK
UKHW032008260826
14628UKWH00005B/2361

9 782013 376860